AF317106

COMITÉ DE PROPAGANDE DE LA GRÈVE GÉNÉRALE

LIRE ET FAIRE CIRCULER

LA GRÈVE GÉNÉRALE

La Grève générale

Pourquoi la Grève générale

Son but. — Ses moyens

Lendemain de Grève générale

et attitude

des Partis politiques

PARIS

IMPRIMERIE NOUVELLE (ASSOCIATION OUVRIÈRE)

11, rue Cadet, 11

1901

Travail exécuté en commandite par des ouvriers syndiqués

COMITÉ DE PROPAGANDE
DE LA
GRÈVE GÉNÉRALE
NOMMÉ PAR LE CONGRÈS NATIONAL CORPORATIF, PARIS 1900

Aux Bourses du Travail et aux Organisations ouvrières

CITOYENS,

Le Comité, respectant les décisions du Congrès, et voulant remplir le mandat que les organisations lui ont confié dans les assises du Travail,

A fait plusieurs appels par circulaires, par affiches, pour que, de votre côté, vous lui donniez les moyens de mener à bien la tâche que vous lui avez confiée.

Son premier acte est d'avoir fait imprimer 50,000 brochures pour être distribuées gratuitement, mais cela l'entraîne à des frais considérables.

Il est donc urgent que, de leur côté, les Bourses du Travail, dans le plus bref délai, forment leurs Sous-Comités, et que les Fédérations, les Unions et les Syndicats versent les cotisations pour lesquelles ils se sont engagés et dont voici l'échelle :

Cotisations mensuelles.		Cotisations mensuelles.	
100 membres	» 50	601 à 700 membres ...	2 50
101 à 200 membres	1 »	701 à 800 —	4 / »
201 à 300 —	1 50	801 à 900 —	4 50
301 à 400 —	2 »	901 à 1.000 —	5 »
401 à 500 —	2 50	1.001 et au-dessus	10 »
501 à 600 —	3 »		

Nous portons ces faits à la connaissance des camarades en les priant de faire leur versement d'une façon régulière du 1er au 15 de chaque mois, soit au bureau des Sous-Comités de la Grève générale, là où il y en a d'établis, ou, dans le cas contraire, au Comité central, à Paris.

Nous n'insistons pas davantage, certains d'avance que les Organisations feront leur devoir.

Vive la Grève Générale !

Salut et fraternité !

Pour le Comité et par ordre :

Le Secrétaire général, **H. GIRARD.**

Les fonds doivent être adressés au citoyen GALANTUS, trésorier, et la correspondance au citoyen H. GIRARD, secrétaire, Bourse du Travail.

Nous tenons à la disposition des camarades des Chansons de la Grève générale à 5 francs le cent.

LA GRÈVE GÉNÉRALE

SON BUT, SES MOYENS

La Grève Générale.

De tous les moyens de lutte dont dispose la classe ouvrière pour réaliser son émancipation intégrale, la Grève Générale est certainement le plus pratique et le plus révolutionnaire.

L'obéissance, la résignation, la légalité ont produits dans les rangs ouvriers de trop funestes effets pour que nous nous attardions à de semblables moyens en vue d'améliorer notre existence.

La solution, brutale, rapide est entre nos mains. Comme malheureusement l'ouvrier est de plus en plus opprimé, que ses moyens d'existence deviennent de plus en plus précaires, et que nul ne peut vivre et satisfaire les passions qu'il a en lui, pourquoi hésitons-nous et nous attardons-nous à de vains et stériles palliatifs, bons tout au plus à consolider et à maintenir la société bourgeoise.

Pour que la paix règne entre nous, il faut que tout être humain ait le droit d'être libre. Il ne faut plus voir dans les faubourgs, le triste spectacle qu'offre la misère : ces enfants qui vont, par toutes les intempéries des saisons, chercher, même pas l'aumône, de quoi pouvoir se nourrir, tandis que les mères, sur des grabats, agonisent lentement par suite des privations endurées.

Ne sont-ce pas des victimes innocentes, tous ces malheureux êtres, coupables d'être venus au monde, dans une société égoïste et criminelle ?

Pour détruire les castes et privilèges, il est inutile aux travailleurs de verser leur sang et de s'exposer à d'inévitables défaites.

Les temps épiques des barricades sont passés et il serait absurde de continuer les errements du passé, alors que nous avons d'autres moyens de lutte à notre disposition. Car, il ne faut pas s'illusionner, il est aujourd'hui presque impossible de combattre la force-armée par les mêmes armes dont dispose celle-ci.

Les grandes voies faites dans les villes, le progrès des armements et le manque d'armes de la classe ouvrière sont autant de raisons qui nous font chercher un autre front de combat.

La Grève Générale consiste donc à suspendre la *production* dans toutes les branches du travail, et cela pendant les quelques jours qui seront nécessaires pour détruire la valeur d'échange et permettre aux prolétaires de prendre possession de la terre, des mines, des habitations, machines, etc., en un mot tout ce qui contribue à la production de la richesse.

Ce principe de la Grève Générale est aujourd'hui propagé et adopté par l'immense majorité des Syndicats et groupements ouvriers, et les derniers Congrès corporatifs de 1900 sont là pour témoigner.

Elle fut proposée pour la première fois, en France, au Congrès de Bordeaux (1888). Plus tard, en 1892, au Congrès de Tours et au Congrès de Marseille, et ensuite au Congrès de Nantes, 1894, Rennes, 1898, et enfin à Paris, 1900, la Grève Générale est devenue le cri de ralliement des forces ouvrières.

Pourquoi la Grève Générale?

Dans les conditions actuelles, c'est la classe ouvrière qui, opprimée et meurtrie dans ses plus nobles aspirations, fournit la presque totalité des sentiments d'indépendance.

C'est du peuple seul, de son éducation, de son développement intellectuel, que l'on peut espérer une amélioration sociale.

De tout temps, la résistance à l'oppression s'est manifestée par des révoltes, plus ou mois bien réprimées. Sous le régime capitaliste, ces révoltes ont pris le caractère particulier de cessation complète de travail concertée et convenue entre quelques salariés.

Il résulte donc une nouvelle tactique de résistance : « la grève », qui caractérise le conflit permanent du capital et du travail. Mais les grèves qui ont eu lieu jusqu'aujourd'hui ne se sont généralement produites que dans des industries isolées. Envisagée de cette façon la grève cause évidemment des inconvénients au patron, qui se méfie de tout mouvement battant en brèche son principe d'autorité; mais, au fond, elle est à peu près sans effet.

Parfois elle est même utile à certains exploiteurs, dans le cas où ceux-ci auraient des marchandises à faire écouler. Dans ce cas, qui se produit fréquemment, notamment lorsqu'il s'agit d'épuiser les fonds d'un Syndicat dont on se méfie, le patron peut à loisir reprendre et faire capituler ses serfs, puisqu'il peut attendre quelque temps sans inconvénient.

D'ailleurs, il ne faut pas se leurrer; si, au cours d'une grève partielle, l'ouvrier obtient une légère augmentation de salaire, le libre jeu de la concurrence ne tardera pas à rétablir l'équilibre.

Différentes grèves partielles ont d'autres motifs que l'élévation des salaires : telles sont celles motivées par le renvoi d'un camarade de l'atelier, entraînant tous les ouvriers dans la grève par un même mouvement de solidarité, ou bien encore celles qui éclatent à la suite de mesures attentatoires, au peu de liberté des ouvriers.

Mais, comme on peut le constater, le résultat de tous ces mouvements isolés est nul ou presque nul; car il n'intéresse qu'une infime fraction de la classe prolétarienne.

Est-ce à dire que nous condamnons par là les grèves partielles et que nous les combattons?

Loin de là. Nous en reconnaissons la presque inutilité, mais nous ne pouvons pas les combattre sans faire le jeu de nos adversaires. D'ailleurs tous ces mouvements partiels, se produisent généralement par suite de circonstances économiques qui réduisent à néant la volonté des travailleurs, et les contraignent à ces grèves. Dans d'autres cas, c'est un devoir pour nous d'utiliser la grève partielle, pour accomplir un acte de solidarité, par exemple.

Mais, nous le répétons, ces mouvements n'ont qu'une très minime influence dans la solution de la question sociale. Si la grève est utile parfois, elle ne constitue pas une solution. Il faut par ce moyen, recommencer à chaque instant la même somme d'efforts, sans pour cela entrevoir l'affranchissement définitif.

Il ne faut pas non plus que les ouvriers s'habituent, dans les mouvements grévistes, à ces manifestations pacifiques et surnommées « grève des bras croisés ». L'exemple de la grève des mécaniciens anglais qui éclata en 1898 et qui dura sept mois, coûta à la caisse du Syndicat 27 millions qui ne servirent qu'à faire avorter un mouvement qui aurait pu, si les travailleurs avaient fait preuve d'un peu d'énergie, marquer une étape de plus dans la voie de la solidarité ouvrière.

Jamais les gros sous des travailleurs n'auront raison des millions des affameurs.

Aux menaces des capitalistes, il faut pouvoir répondre par des menaces d'intimidation, qui, mises en pratique, terroriseraient et feraient bien vite capituler les exploiteurs.

Mais cela, nous ne l'ignorons pas, est presque impossible au cours d'une grève partielle, car le respect de la légalité et la peur de créer un trop fort mouvement sont les principaux obstacles de cette tactique de combat. Et ce qui est difficile, en période ordinaire, devient d'une logique élémentaire, au moment d'une Grève Générale, car, dans ce cas, toute la classe ouvrière se trouve en état de révolte contre une forme de société, qui se défendra par tous les moyens possibles.

Si donc les ouvriers veulent leur émancipation, il leur faudra agir révolutionnairement, c'est-à-dire user de la force, car ce serait le comble de l'incohérence que, voulant mettre en commun tous les instruments de production, de ne pas s'en emparer immédiatement, et il serait aussi ridicule que, s'attaquant à la propriété individuelle, de ne pas la faire disparaître et de respecter la « fameuse liberté du travail », alors que la Grève Générale est la synthèse de cette liberté du travail si odieusement méconnue.

La Grève Générale est d'ailleurs la conséquence des conceptions économiques dans lesquelles se forge et se développe la conscience ouvrière ; c'est la seule méthode de révolution susceptible d'aboutir à l'époque actuelle.

D'ailleurs, les objections qui ont été faites sont pour la plupart trop puériles pour prendre la peine de les relever. Une seule à notre avis a besoin d'être éclairée : c'est lorsqu'on prétend que la Grève Générale ne pourra réussir que si la majorité de la classe ouvrière en est partisan

C'est une supposition gratuite que l'on nous fait, car si l'on se donne la peine de lire et d'approfondir l'histoire, on verra que jamais, un progrès, une réforme, n'ont été réalisés par la majorité. Ce sont toujours les minorités conscientes imbues d'idées neuves et hardies, qui, par différents moyens d'agitation, imposaient aux maîtres d'un jour, la marche en avant, pour un peu plus de bien-être, un peu plus de bonheur.

Le progrès ne s'est accompli que par les Jean Huss, les Galilée, les Hébert et autres, qui toujours devancèrent l'époque à laquelle ils vivaient ; ce sont toujours les esprits indépendants qui, malgré les persécutions, malgré l'ignorance et le fanatisme de la foule, préparèrent une ère de justice et de bonheur.

D'ailleurs, l'on se rend bien compte, et surtout en prenant comme exemple la Révolution de 1789, de la valeur que possède la majorité. Etait-ce cette majorité qui luttait à la prise des Tuileries et où était-elle le jour de la chute de Robespierre ? Que faisait-elle le 9 thermidor ? Comme toujours elle était introuvable.

La majorité n'a aucune valeur réelle ; elle ne fait qu'accepter et sanctionner les bénéfices que lui rapportent cette minorité qui va à l'avant-garde du progrès.

D'ailleurs, la Grève Générale a encore ceci de particulier et qui est une caractéristique de ce mouvement révolutionnaire : c'est qu'un grand nombre de ceux qui jamais n'auraient pris part à un mouvement insurrectionnel, se trouveront, par suite de l'entraînement forcé, causé par les corporations fondamentales, obligés de participer à ce mouvement de révolte.

En effet, les chemins de fer, par exemple, entraîneront par suite de l'enchaînement économique qui relie les corporations entre elles, nombre de travailleurs. Il en est de même si les ouvriers du gaz se mettent en grève, les mineurs et bien d'autres corps de métiers fondamentaux.

Si une partie de ces corporations se mettent en grève, c'est la Grève Générale inévitable.

Nous avons pu voir le désarroi causé par la grève des débardeurs, des facteurs, et la dernière des ouvriers des ports qui s'étendit dans les principaux ports de France, du Havre à Ajaccio.

Loin de devenir un obstacle, l'inertie de la masse peut favoriser le succès de la Grève Générale, mais seulement « pendant » la grève.

Les inconscients deviendront ainsi des unités agissantes.

Ce sont toutes ces circonstances, qui font que la Grève Générale est aujourd'hui si sympathique à la classe ouvrière.

Comme nous l'avons démontré plus haut, les grèves partielles ne peuvent aboutir à rien.

D'autre part, l'époque mystique et romantique des révolutions est passée ; nous ne voulons plus que le prolétariat serve de confiture d'insurgés.

Plus de ces luttes qui eurent leur époque, mais impossibles maintenant, qui consistent à dépaver les rues et à élever des barricades, et qui rendent aux soldats assassins le très grand service de pouvoir faucher dans le tas des révoltés et des mécontents, et par là opérer la petite saignée nécessaire pour mâter, ceux que nos bons bourgeois appellent des fortes têtes. Le moment des dupes et des naïfs est passé.

La Grève Générale est le moyen de combattre efficacement la société bourgeoise, en annihilant l'armée et en évitant tous les défauts des révolutions antérieures. Plus loin nous esquisserons les moyens de combat que renferme cette idée de Grève Générale.

Chaque époque a sa méthode particulière et chaque degré de civilisation ses procédés nouveaux. La question est donc bien simple et se réduit à quelques points essentiels : réunir les forces et les éléments des grèves partielles en une grève générale, qui ne tardera pas à s'étendre et à devenir internationale.

Sans faire la critique des systèmes sociaux qui régissent l'humanité, travail fait déjà bien avant nous et qui nous entraînerait trop loin, nous pouvons constater les nombreuses victimes de l'ordre social qui nous régit.

Cette société ingrate et criminelle qui tue, chaque année, rien qu'en France, 174,000 individus par suite des systèmes économiques tant vantés par nos économistes, nous voulons la faire disparaître.

Au lieu et place de ces hurlements de malédictions et de colères, qui s'élèvent des profondeurs des couches sociales, il faut, par l'établissement du communisme libertaire, faire éclore la paix et le bonheur au sein de notre civilisation meurtrie.

Mais, avant d'arriver à réaliser ce désir de justice, il est nécessaire d'abattre le vieux monde d'iniquité et de mensonge, et la grève générale en est le seul moyen.

C'est pourquoi nous propageons cette idée révolutionnaire, la seule pratique et efficace.

Son but.

La Grève Générale est un mouvement essentiellement révolutionnaire, avons-nous dit?

Révolutionnaire, en effet, car il ne consiste pas à obtenir quelques réformes, plus ou moins illusoires, ou des améliorations plus ou moins étendues.

Le jour où les travailleurs, d'un commun accord, suspendront la production et arrêteront ainsi la vie économique, ils se rendront aisément compte de leur puissance; et alors, au lieu de se contenter de palliatifs, le prolétariat adoptera la seule solution logique, et qui est le but de la Grève Générale, celle qui consiste en la suppression du salariat.

Tout à l'heure, nous esquisserons, autant que cela nous est permis de le faire, avec les lois qui régissent la liberté de la presse, quelques moyens pour faire aboutir, par les voies révolutionnaires, un mouvement comme celui que nous préconisons.

Car, il ne faut pas se leurrer, la solution de ce problème de la Grève Générale ne peut consister qu'en l'emploi de moyens violents.

Quelques esprits simplistes et naïfs ont pu croire qu'il suffirait au prolétariat de se croiser les bras pour faire aboutir son rêve de transformation sociale. La grève des bras croisés, la grève pacifique, telle fut la définition du mouvement général qui se prépare. Mais peu à peu, grâce à l'expérience, et par suite de l'évolution qui s'est produite ces dernières années, motivée par les récents événements qui éclatèrent en 1878, la classe ouvrière arrive à une compréhension plus nette et plus profonde de la Grève Générale.

C'est alors qu'on s'est rendu compte qu'une grève pacifique avorterait fatalement, car une grève de ce genre serait exposée à autant d'échecs qu'une grève partielle.

Chaque individu en serait réduit à ne compter que sur ses ressources, et sur ses problématiques économies pour pouvoir tenir tête à l'exploiteur, et, ainsi comprise, la grève tournerait bien vite à la confusion de l'ouvrier, qui serait obligé de reprendre de nouveau son collier de misère, sans avoir obtenu quoi que ce soit, susceptible d'améliorer son sort.

D'ailleurs, a-t-on objecté, une Grève Générale ne pourra durer que peu de temps, et il est certain qu'au bout de trois ou quatre jours, une solution ne tarderait pas à réaliser les désirs du Prolétariat.

En cela, nous sommes d'accord; mais est-ce à dire pour cela que pendant ces trois ou quatre jours que durera la Grève, il faudra se priver de nourriture ?

Allez donc raisonner ainsi au père de famille qui entend les cris de ses enfants réclamant du pain ? Et c'est là que se produira le conflit : l'argent n'ayant plus de valeur, par suite du manque de marchandises, la société se trouvera divisée en deux camps : d'un côté les satisfaits, exploiteurs et bourgeois, et de l'autre les travailleurs, tous affamés, au milieu des instruments de production.

Croit-on que jusqu'à extinction universelle, les prolétaires resteront les bras croisés ?

Il est certain que non, et « ventre affamé n'a pas d'oreilles ». Et quand tout à l'heure, nous disions que la Grève Générale n'était pas un mouvement réformiste, mais bien la Révolution elle-même, la situation que nous décrivons en ce moment, nous le prouve d'une façon péremptoire.

En effet, pense-t-on que les travailleurs, tenant dans leurs mains l'avenir du Prolétariat tout en entier, ayant à leur merci les exploiteurs, se contenteront de réformes qui, d'ailleurs, seraient bien vite confisquées à la première occasion.

Il est certain qu'une telle naïveté ne s'accomplira pas, car la somme d'énergie à dépenser pour réaliser l'émancipation intégrale est la même que pour des réformes partielles.

D'ailleurs, il y a un autre moyen qu'emploiera le gouvernement pour faire échouer le mouvement de la Grève Générale : c'est celui qu'ont toujours employé nos maîtres et qui consiste en des mesures d'intimidation; il s'efforcera, par la terreur, de peser sur l'opinion publique pour la détourner de son émancipation.

Et nous en avons encore une preuve frappante dans ce qui vient de se passer en Espagne.

Un grand Congrès corporatif, convoqué par l'Avenir du Travail, vient de se tenir à Madrid, les 13, 14 et 15 octobre 1900. Ce Congrès comprenait 213 délégués de Syndicats et groupements ouvriers qui représentaient environ 52,000 ouvriers fédérés. Audit Congrès la Fédération des travailleurs espagnols rallia tous les délégués en faveur de la Grève Générale, mais, dans l'ordre du jour publié à la suite du Congrès, il fut impossible de faire mentionner la décision prise relativement à la Grève Générale.

Le représentant du gouvernement, et pour le gouvernement, ne permettait pas que l'on parlât de « Grève Générale ».

Les pauvres sots qui prennent de telles mesures, croient enrayer le développement de l'idée révolutionnaire, ils ne font qu'activer ce développement par ces persécutions ineptes.

Cet exemple d'hier, pris entre mille, montre nettement la crainte que les gouvernants éprouvent vis-à-vis de la nouvelle méthode révolutionnaire que nous préconisons, et il est certain que, le jour où ce mouvement éclaterait, tout serait mis en œuvre pour le faire avorter. Et c'est ce qui démontre l'impossibilité d'une grève pacifique, par le fait même de l'hostilité du pouvoir.

A la violence bourgeoise, il faudra répondre par la violence intelligemment comprise des révolutionnaires.

Pour nous, la Grève Générale est donc le synonyme de Révolution, car elle s'attaque à la vie même de la Société.

Dans les conditions actuelles, comme nous l'avons expliqué précédemment, la Grève Générale est le meilleur moyen, pour la classe ouvrière, de pouvoir lutter efficacement contre les forces d'oppression dont dispose le capital.

Après ces diverses données énoncées, il nous est facile de démontrer le but politique que nous poursuivons.

Partant de l'antagonisme qui mettra en conflit le capital et le travail, et considérant que la Grève Générale ne peut s'illusionner jusqu'à produire un effort aussi colossal pour ne réaliser que des réformes partielles, le but du mouvement ne peut être que franchement communiste.

Coupant le mal dans sa racine, s'attaquant directement à l'autorité, la Grève Générale supprime toutes les questions d'à côté, politiques et autres, qui ne font qu'entraver la marche en avant du prolétariat.

En outre, comme nous le constaterons plus loin, par le fait qu'elle fait propriété commune tous les moyens de production, elle commence ainsi la mise en pratique du communisme.

La Grève Générale est un mouvement essentiellement économique et antipoliticien au premier plan. Par le fait de la diversité du mouvement, les politicailleurs n'auront que peu de prise sur un mouvement aussi complexe que celui-ci. Etant une révolte sociale, dirigée contre l'exploitation en général, elle négligera les moyens légaux et pacifiques et deviendra conséquemment assez dangereuse pour nos sociaux-démocrates, préoccupés avant tout de tirer de la Révolution quelques moyens lucratifs, qui ne sont pas à dédaigner.

Plaçant sa tactique principale dans l'expropriation capitaliste,

la Grève Générale a toujours consacré ses moyens de propagande
en dehors de la boutique électorale et parlementaire.

C'est pourquoi, comme nous le disions, son but est franchement
communiste, mais d'un communisme débarrassé de toute nuance
autoritaire, et de tout vestige de centralisation.

Ce sera la mise en pratique des communes autonomes, libres et
fédérées entre elles, et formant par leur agglomération une véri-
table fédération.

Ses moyens.

Comme nous l'avons constaté en débutant, l'époque romantique
et quelque peu théâtrale des barricades est passée.

Les grandes voies faites dans les villes, et tous les procédés
qu'ont employé nos maîtres, pour parer aux éventualités d'une
insurrection, nous obligent à éviter de jouer, encore une fois, le
rôle de dupes dans le prochain mouvement qui se profile à
l'horizon.

La science pourra et aidera certainement à la lutte, mais cela
est insuffisant et il serait puéril de ne compter que sur elle.

Ces moyens ne sont connus que d'un nombre trop restreint d'individus et la vulgarisation n'en est ni commode ni pratique, grâce
surtout aux admirables lois de répression contre la liberté de
penser, lois scélérates ou autres, car toutes les lois sont scélérates
par le fait qu'elles constituent toujours une entrave à quelque
liberté.

Il faut donc essayer de délimiter aussi clairement que possible le
terrain sur lequel se déroulera la lutte séculaire et titanesque
entre le Capital et le Travail.

Le terme de Grève Générale ou Révolution n'a d'autre significa-
tion que celle-ci : Changement subit et violent (fatalement) des
bases fondamentales sur lesquelles sont édifiés les mensonges de
notre civilisation conventionnelle.

De la définition il faut passer au fait :

Si en période de grève partielle, par couardise ou pour toute
autre raison, les travailleurs hésitent à porter les mains sur les
instruments de production, il n'en est pas de même en période
révolutionnaire.

Le respect de la légalité disparaît et avec lui tous ses moyens
coercitifs réduits à l'impuissance.

Il va de soi que, dans ce cas, rien n'est plus facile que de mettre
les machines, masses inertes pourtant, dans l'impossibilité de nuire,
forçant ainsi à la grève tous les avachis, renégats et félons, susceptibles de trahir la classe ouvrière.

Réfléchissons, en outre, à quoi tient la vie sociale. En dehors des moyens de transports, tels que les trains qui, il faut le reconnaître, seront nos principaux auxiliaires, car, sans eux, il est certain que le ravitaillement ne pourrait se faire; il en est d'autres complémentaires.

En outre, nos bons bourgeois, qui voyant la tourmente voudraient fuir à l'étranger pour être à l'abri des représailles populaires, se trouveraient nécessairement obligés de subir le cours des événements.

Mais, objectera-t-on, est-ce que l'armée, le génie, ne sera pas là pour remplacer les grévistes?

Cette objection est dénuée de fondement, et, en l'analysant, on s'en rendra aisément compte. Croit-on que les révolutionnaires laisseraient ainsi librement circuler les trains emportant nos pires ennemis ! et apportant des vivres aux exploiteurs?

Allons donc; ce serait le comble de la naïveté, vu surtout l'extrême facilité qu'il y a à empêcher de pareils faits de se produire. Les rails, les signaux et les fils électriques, les aiguilles de chemins de fer sont autant de machines susceptibles de se détériorer facilement. En outre, il est absolument impossible au gouvernement de faire garder efficacement les innombrables kilomètres de voie ferrée qui composent les réseaux de chemins de fer.

La nécessité absolue de garder les grandes villes, foyers d'insurrection, centres industriels, protéger la propriété des exploiteurs, garder les voies ferrées, assurer non seulement l'ordre, mais encore le ravitaillement de sa propre armée, ne tarderait pas à faire bien vite disparaître la puissance capitaliste. Or, comme l'on s'en rend compte, il sera impossible à la bourgeoisie de faire de ses soldats des agents de production, tels que chauffeurs, mécaniciens, boulangers, si ceux-ci ne sont pas assez nombreux pour la protéger.

Appeler d'autres classes sous les drapeaux ?

Elle ne le pourra pas, car elle est prise dans un dilemne cruel.

Où les grévistes répondront à l'appel, et dans ce cas c'est donner des armes et des munitions aux révoltés, et capables d'entraîner par leur contagion avec eux tous les autres soldats, et il est certain que la bourgeoisie hésiterait avant de se livrer ainsi.

Où bien alors, et c'est le plus probable, les grévistes, refuseraient d'endosser l'uniforme, et ce serait le triomphe de la Grève Générale.

Car, il ne faut pas l'oublier, il faut toujours regarder les mobiles qui guideront l'individu dans l'option de l'un de ces deux moyens.

En effet, il n'y aura pas plus d'inconvénient à se mettre en révolte ouverte contre l'autorité qu'à refuser l'enrégimentation. Des deux côtés la pénalité est équivalente; il y aura donc tout intérêt au travailleur de profiter de sa puissance pour hâter la chute de l'ordre social que nous subissons.

D'un autre côté, vu le nombre relativement restreint de soldats que la bourgeoisie tient à sa disposition, elle sera forcée, si elle veut pouvoir faire front à l'ensemble du mouvement qui éclatera d'éparpiller et de diviser ses soldats. Chacun de ses détachements se trouverait donc assez isolé.

Là, le soldat pourrait réfléchir. Il songera que, dans son pays, par le fait de l'étendue et de la complexité du mouvement, ses parents se trouvent peut-être dans une situation analogue à celle où il est.

La griserie d'une grande masse, la contagion du milieu, par le fait de ces éparpillements de troupes étant considérablement amoindries il s'en faudrait de peu pour déterminer le soldat à lever la crosse en l'air.

D'ailleurs, et cela est caractéristique, lors des dernières grèves du Nord et du Creusont, on a vu des soldats refuser de marcher. A Dunkerque même, c'est un sergent qui, prêchant d'exemple, a invité ses hommes à s'abstenir de toute démonstration hostile aux travailleurs.

Et cela se produit en période relativement calme.

Que serait-ce dans la tourmente révolutionnaire qui se prépare et s'ébauche dans les milieux ouvriers.

De toute façon, la difficulté de ravitaillement à l'étranger et l'arrêt des moyens de transport sont les principales causes qui favoriseront le triomphe de la Grève Générale.

En outre, au lieu des révolutions classiques, pour se venger sur les exploiteurs des misères endurées au cours des siècles précédents, il se produira des actes individuels qui, pour être exécutés froidement, dans l'ombre, n'en seront que plus terribles et achèveront de démoraliser la classe bourgeoise, par suite de la multiplicité de ces actes et de l'« impossibilité matérielle » de les empêcher.

En somme, par la Grève Générale, on arrive à disséminer les grévistes ; par conséquent impuissance de l'armée, énervement, puis démoralisation des soldats, lâchage de quelques-uns, panique du capital et prise de possession des ateliers.

A cette dernière besogne, les syndicats et groupements ouvriers s'occuperont particulièrement : ce sera à eux de considérer comme propriété collective ce qui aurait toujours dû être le patrimoine commun.

Il appartiendra toujours également aux groupements économiques d'empêcher l'intrusion de tout élément politique dans la solution des questions ouvrières, au lendemain de la Grève Générale.

Nous terminons cette étude en disant quelques mots sur

Le lendemain de la Grève Générale et l'attitude des partis politiques.

Comme il est aisé de s'en rendre compte, l'influence des politicailleurs et journaleux, dans un mouvement aussi économique que celui que nous esquissons, est nul, absolument nul.

Les social-démocrates, qui toujours ont repoussé la Grève Générale de leurs Congrès (Paris, 1889, Bruxelles, 1891, Zurich, 1893, Londres, 1896, Paris 1900) essayeront, comme toujours, d'exploiter ce mouvement révolutionnaire.

Après avoir renié, bafoué, calomnié ses plus zélés partisans, les avoir traité sournoisement, par insinuations, de royalistes, ils commencent à quelques-uns à revenir peu à peu sur leurs anciennes conceptions.

Es-ce qu'nn doute leur serait venu ou qu'un mouvement de loyauté les attirerait vers nous?

Il n'en est rien. Comme toujours les politiciens suivent le vent qui tourne. Dans nos Congrès corporatifs, malgré leurs viles insinuations, la Grève Générale a été acclamée. Comprenant qu'ils faisaient fausse route, ils vont essayer aujourd'hui de se revendiquer de ce mouvement afin de le mieux faire avorter.

Cela s'est d'ailleurs déjà produit pour le 1ᵉʳ Mai et doit nous servir de leçon.

Dans cette étude toute théorique, nous n'incriminons pas quelques plus ou moins vagues individualités. Nous poussons seulement un cri d'alarme à la classe ouvrière pour l'empêcher d'être une fois de plus dupe des intrigues des politicailleurs.

Or, si pendant que durera la Grève Générale, pendant les quelques jours de conflit, on ne les voit pas se montrer, cela n'aura rien que de très naturel, car ils sont de cette race rampante qui craint l'action, mais qui n'hésite pas à se l'accaparer. Mais, le jour, où l'armée sera dispersée, que le peuple pourra sans crainte des mitrailleuses et des Lebel, descendre dans la rue, pour discuter sur la ligne de conduite à tenir et sur la besogne urgente à accomplir, on verra tous nos tribuns, éloquents et ardents, essayer de faire revivre l'éternelle histoire des révolutions passées.

Si le peuple ouvrier, ne se rend pas immédiatement à la Bourse du Travail, dans ses groupements corporatifs, si, au sein de ses syndicats, il ne s'appropie pas immédiatement, comme nous l'avons démontré plus haut, tous les moyens de production, il est vaincu.

Il devra faire siennes toutes les richesses et procéder sans retard à l'expropriation capitaliste.

Et pour cela, ne pas attendre ni perdre son temps à éventrer ou à piller quelques boutiques pas plus qu'à discutailler sur la place de l'Hôtel-de-Ville ou autre part. Nous le répétons, chaque travailleur devra aller de suite à son Syndicat, afin d'accomplir l'appropriation nécessaire ; le Syndicat est le noyau où se rencontreront toutes les énergies, toutes les bonnes volontés.

Là on se connaît, on se serre les coudes et, par la confiance et l'estime réciproques, on aboutira à une solution.

En agissant ainsi, la Révolution reste sur le terrain économique, et il sera impossible aux politiciens d'essayer à centraliser le mouvement, afin de constituer un quatrième ou cinquième Etat qui serait tout aussi oppressif que les autres.

La Grève Générale n'est pas une Révolution politique; elle ne favorise aucun intérêt secret.

Si le mouvement se passe comme nous le décrivons, la victoire sera à la classe ouvrière, qui sera ainsi débarrassée de toute tutelle gouvernementale, de quelque étiquette que ce soit. Les forces ouvrières ne serviront plus de tremplin à ces journaleux qui ont tant exploité la classe prolétarienne.

D'ailleurs, il est probable que les politicailleurs ne se trouveront pas satisfaits d'être ainsi tenus à l'écart et qu'ils essayeront par des divisions et querelles mesquines de susciter un conflit en réveillant les passions politiques. Comme nous prendrons nos précautions contre nos exploiteurs pour les mettre dans l'impossibilité de nuire, de même nous agirons au sein de nos groupements ouvriers **contre tous ceux qui, pour n'importe quelle cause politique, accapareront ou voudront accaparer les forces révolutionnaires.**

Nous avons assez de tous les Mauvais Bergers.

Le triomphe est à ce prix.

Une fois les travailleurs, qui logeaient dans des taudis infects, confortablement installés dans les saines habitations des exploiteurs, le peuple comprendra quels sont ses vrais amis.

Quand, groupés par corporations, fédérées entre elles sur les bases du communisme libre, les travailleurs jouiront à leur tour des progrès et du machinisme et des sciences, ils comprendront les vaines discussions politiques, qui n'ont servi qu'au triomphe des forts.

Libres, réconciliés avec la nature, les prolétaires verront enfin quel était le but que nous poursuivons.

Mais, avant de triompher, il faut combattre et, pour le combat, il faut des cerveaux débarrassés de tous les préjugés et de tous les sophismes ; il faut des individus conscients qui ne marchent pas à la remorque d'un individu.

La Grève Générale est le plus beau geste de révolte de la foule moderne. N'ayant pas les causes d'insuccès des révolutions précédentes, elle offre aux prolétaires, à tous les parias de l'usine et de l'atelier, le moyen de faire aboutir leurs revendications.

Vous tous, peintres, poètes écrivains, penseurs, intellectuels, pensez aussi à l'avenir qui se prépare. Votre place est dans le peuple; car lui aussi a droit à la beauté, à la vie.

Et c'est en terminant que nous invitons tous les travailleurs à nous aider dans notre œuvre de propagande. Une évolution intense s'accomplit aussi bien dans le monde des idées que dans celui des faits, et demain peut être le jour de notre libération définitive.

Il importe d'être prêts, et pour cela il faut s'organiser solidement et avoir une tactique commune pour atteindre le but que nous poursuivons.

Le Comité :

Union des Syndicats de la Seine. — Fédération de la Métallurgie, des Mouleurs, du Cuivre, des Mécaniciens, du Bâtiment, Culinaire de l'alimentation, des Cuirs et Peaux, de la Voiture. — Société générale des Chapeliers. — Fédération des Employés. — Syndicats d'Instruments de précision, des Ferblantiers de la Seine, de l'Ebénisterie et du Meuble sculpté, de la Voiture, de l'Union du Bronze, des Cochers-Livreurs-Garçons de Magasin, des Correcteurs, des Tapissiers, des Mouleurs en cuivre.

Outre la propagande par la brochure, le journal et les conférences, il en est une autre qui rend de réels services. Nous voulons parler de la chanson.

En effet, par ce dernier système de propagande, on fait pénétrer partout les idées émancipatrices. On chante à l'atelier, en famille, dans toutes les réunions. Aussi, nous ne saurions trop recommander aux groupes le beau chant révolutionnaire de notre camarade Debock :

La Grève Générale

Paroles et musique, avec couverture illustrée, que nous pouvons fournir à raison de 5 francs le cent, rendu franco. — Adresser les demandes, avec mandat-poste, soit au citoyen Girard, à la Bourse du Travail, bureau 21, au 2e étage; soit à l'auteur, G. Debock, 32 bis, rue des Lyonnais, Paris.

Paris. — Imprimerie Nouvelle (association ouvrière), 11, rue Cadet. — 3372-1900.

www.ingramcontent.com/pod-product-compliance
Ingram Content Group UK Ltd.
Pitfield, Milton Keynes, MK11 3LW, UK
UKHW022255070726
13613UKWH00005B/2300